Made in the USA
Monee, IL
12 November 2022

17607046R00069